JN410558

Han Kye-Joo

시인 한계주

여든이 되어 보렴

시원 한계주 시집

여든이 되어 보렴

Poetics 시학

■ 여는 말

장場을 접을 나이에
손바닥만한 멍석을 편다

달 속에 토끼가 놀고
사다리 타고 별을 따러 가던
그 자리에 선다

별에 닿을까
허공을 휘저어 본다

내 깊은 마음 어디엔가 떨어져 숨어 있는
별 하나 건져 올릴 수 있다면

너와 나
따듯한 마음 한 자락
나눠 가실 수 있다면

—「별」 전문

차 례

제1부 여든이 되어 보렴

제2부 사랑에 빠진 딸기

제3부 시마가 찾아왔다

제4부 양파를 까면서

제5부 법정 스님을 기리며

제1부

여든이 되어 보렴

어느 어린이날

육십 먹은 아들이 보챈다
"어린이날 뭐 없어?"
엄마는 엄지손가락 치켜들고 자신을 가리키며 까딱 까딱
"그러게, 엄마가 어린이지"
엄마와 아들이 낄낄대며 웃었다
이마의 주름도 마주 보며 웃었다

여든이 되어 보렴 · 1

지금까지 살아온 것이
그저 고맙고

세상 별거 아니다 싶어
그저 우습고

아이들 잘 살아 주니 고맙고
부모 형제 잊지 않으니 더욱 고맙고

이래도 좋고 저래도 좋고
화나는 일 없어 좋고

네 말도 옳고 내 말도 옳고
너도 좋고 나도 좋고

여든이 되어 보렴 · 2

손자 업고 어슬렁거릴 일도 없고
고추 다듬고 마늘 깔 일도 없고
긴 담뱃대 꼬나물고 허공에 연기 날릴 일도 없지만

노인은 노인다워야 하는데
이마의 주름 접히듯
마음 접을 줄 알아야 하는데
한 잎
떨어지는 잎새에도 철렁

언제 철들려나

일상사

아이들 시집 장가보내고
할 일 없을 줄 알았더니
어제도 나가고 그제도 나가고
어째 더 바쁘다

오늘은 푹 쉬려고 하는데
또 친구가 부른다

오라는 친구 있어 고마워
무거운 몸 추스르고 나간다

묵은 젓갈처럼 곰삭은 친구가
칼국수 해 준다고 오란다

내게도 있어요

왜들 물을까, 할머니 나이
촉촉한 물기 하나 없을 것도 같지만
과년한 처녀 나이 밝히고 싶지 않은
그런 수줍음 내게도 있어요
꽃 피고 새 우는 설렘
내게도 있어요

친구의 생일

60년을 함께한 친구들
한상에 둘러앉았다

알맞게 익은 배추김치
돼지 수육 돌돌 말아
한입 가득가득 밀어 넣는다

배가 그득하니
스르르 눈이 감긴다
한 친구는 긴 의자 위에
한 친구는 밥상 옆에
다른 한 친구는 그 옆에
내 천川 자로 나란히 잠을 잔다
얇은 이불 하나씩 덮어 주고
오늘의 주인공도 잠을 잔다
한 식경 지나
약속이나 한 듯 부스스 눈을 떴다

밥 같이 먹고
잠 같이 자고

잘 놀다 간다

덧셈 뺄셈

경로석에 자리가 났다
두어 살 위로 보이는 할머니가
나더러 앉으라 한다

대중탕에서 만난 여인이
몇 살로 보이느냐 묻는다
"예순다섯" 했다가
이를 어쩌나
예순이란다

일흔에 열을 더하면 답은 뻔한데

남에겐 선뜻 안겨 주고
내 나인
열 살쯤 되물렸으면 하는

씁쓸한 여든 살

이삿짐 싸랴, 이삿짐 풀랴
아이들은 이리 뛰고 저리 뛰는데

어제는 친구네 집들이 가고
오늘은 동갑내기 여든 잔치

"뭐 도울 일 없냐?"
"엄마 혼자 잘 놀아 줘서 너무 고마워"

"나도 고마워"
씁쓸한 여든 살

여든

여든은
일흔아홉에 하나를 더하는
숫자가 아니다

열을 여덟 개 똘똘 말아
"옜다 먹어라" 하고
가슴 한복판에 던져진 폭탄 세례

"넌 아니야" 하고
등을 돌렸는데

돌렸다 생각했는데
그 여든도 가고 있다

여든의 기억

머릿속이 하얗다
컴퓨터 파일에 저장했다고 기억한 시 한 편이
통째로 날아가 버렸다
얼른 뒤좇아 가면
몇 가닥 건져질 것도 같은데

차고 있던 시계를
쓰레기통에 던져 버리기도 하고
약속 시간이 앞당겨진 걸 잊고
내가 일등, 하고
기세 좋게 뛰어들기도 하는

어제 일인지 그제 일인지

그만
놓아 버리자
필생의 대작들을
불 속에 던지고 간 화가도 있었다는데

어든, 잔치는 끝났다

주어진 스무 날은 후딱 가고
바쁜 일상으로 돌아간 아이들

현관 가득 풀어 놓았던 신발들
시카고로, 샌프란시스코로, 브리즈번으로
제 임자 따라 뿔뿔이 날아갔다

하루 두 차례 신나게 김을 뿜어 대던 보리차,
숨 가쁘게 돌아가던 세탁기,
전기 값 겁나게 나오겠다고 겁주던 에어컨,
모두가 일시에 소리를 접었다

침대 위에, 방바닥에
마루까지 밀려 나온 식구들
깔고 자던 돗자리는 아직 그 자리를 지키고
여기까지 쫓아온 숙제에 컴퓨터와 씨름하던 손주
녀석
땀범벅이 된 뒷모습 선하다

방문 열고 이름 불러 본다
침대에 누워 본다

설날

올 사람
와서 즐겁고
왁자지껄하다 떠나고 나면
텅 빈 허허로움

연기처럼 사라질 순 없을까
명절날 하루
그리움
가슴에 묻고 살 순 없을까

설날 풍경

시끌벅적
모처럼 사람 사는 집인가 했더니
아이들 저마다 제자리로 돌아갔다

달라진 건 아무것도 없는데
끈 하나가 뚝 하고 떨어져 나간다

잠시 머물다 가는
짧고도 끈끈한 끈

벽에 걸린 액자 속에서는
열여덟 식구가 '김치—' 하고 웃고 있고
마루의 TV는
신년 맞이 잔치에 저 혼자 신바람 났다

하릴없이 나는
이 책 저 책 폈다 접었다
접었다 폈다……

그날 하루 나는 없었다

뒤숭숭한 꿈자리가 내 발목을 잡았다
빙판길에 미끄러질 것도 같고
총알 오토바이가 덮칠 것도 같고

약속들 하나하나 금을 긋는다
오늘은 없는 날, 내 달력에서 지운다

현관 벨이 몇 번 울리는가 했더니
가스 검침 오고
택배가 오고
응대하던 아들도 나가 버렸다
전화가 몇 번 울리다 그치고
그러곤 잠잠하다

아침 점심 저녁을 한 끼로 때우고
침대에서 뒹굴뒹굴
책을 보다 졸다 보다 졸다

어둠이 스멀스멀 밀려온다
소리란 소린 땅속으로 빨려 들어갔는지
전화도 잠잠하고 우편함도 비어 있다
다들 어디로 갔나
날 버리고 모두들 숨어 버렸나?

무궁화 꽃이 피었습니다, 무궁화 꽃이 피었습니다*
눈 뜨기가 무섭다
아무도 없으면 어떡하나

이제 그만 나와라 오버!

* 숨바꼭질할 때 술래가 열을 세는 소리.

고장 난 벽시계

새벽에 눈을 뜰 때도
잠자리에 들 때도
시곗바늘은 언제나 5를 가리키고 있다

아침도 다섯 시에 먹고, 점심도, 저녁도 다섯 시에 먹는다
내 하루는 다섯 시에 시작해서 다섯 시에 끝난다

짧은 다리로 하루에 두 바퀴를 돌던 시침도
긴 다리로 스물네 바퀴를 돌던 분침도
왔다 갔다 바쁘던 흔들이도 멎은 지 오랜데
고장 난 벽시계는 몇 년째 그 자리를 지키고 있다

산다는 것은
언젠가는 자리를 뜬다는 것

자리 뜨기가 서운한 고장 난 벽시계는
오늘도 그 빈자리를 지키고 있다

맥문동

녹색 잔디에 홀딱 반해서
덜컥 이사를 왔는데
앞뒤 빈터에 들어선 높은 빌딩
지금은
잔디도 떨어져 나간 그늘진 땅

장미도 철쭉도 잠시 앉았다 뜨는데
사철을 지키는 늘푸른 풀

식구들 외지로 떠나고
창문을 때리는 헛헛한 바람
호올로
빈집을 지키는 맥문동

눈길

부수수한 머리는 모자로 감싸고
이 코트에 저 머플러
멋 부리고 나선
새해 첫 나들이

들어도 그 자리서 흘리는 딱한 학생이지만
나 좋아서 다니는 중문학中文學 교실

영하 13도의 거리는
쌓인 눈이 그대로 미끄럼틀
“출근을 하십니까? 학교를 가십니까?”
길이 내게 묻고 있다

고개 곧추세우지만
발이 지레 겁을 먹는
일흔아홉,
하고도
한 고개 넘는
새해 아침

장수 시대

"이렇게 오래 살 줄 알았나?"
일흔 살에 접었던 책을 다시 펼치고
외국어를 배우는 아흔 살 할아버지

아흔 살, 백 살
자꾸만 올라가는 수명

경로 우대석은 앉을 자리가 없고
산모 잃은 산부인과 줄줄이 문을 닫고

렌즈

혼자 사니 밥이 안 먹힌다는 낯선 사람에게도
“한 끼는 제대로 자셔야죠”라는 말이 쉽게 나오고
남의 말 하기 좋아하는 사람도
속에 건 풀어 버리는 것이 낫겠다고 느긋하게 생각해지고
너들 먹는 것 보고만 있어도 배부르다는 친구
빚 받으러 갔다가 쌀 팔아 주고 왔다는 옆집 엄마
화분마다 꽃망울을 터뜨리는 따뜻한 햇살

봄 햇살 맞으며 바람난 처녀마냥 쏘다니고 싶고
살아 숨 쉬는 이 순간이 그저 고맙고

렌즈를 바꾸니 세상이 새롭다

따스한 손

아침에 눈뜨면 문밖에
신문, 우유, 요구르트가 와 있고
쓰레기통이 비워져 있고
눈을 쓸어 출근길을 틔워 주기도 하는
밤의 사람들

단추를 누르면 전기가 켜지고, 가스가 오고
수도꼭지에서 물이 나오고
어디선가 계기를 지켜보는 살뜰한 눈들

수많은 손으로 이어지는 나의 하루
나도 누군가의 따스한 손이고 싶다

제2부

사랑에 빠진 딸기

꾸러기들

이리 가라면 저리 가고
다리미에 손을 데고서야
“앗, 뜨거”

저만큼 가 보니 이건 아니다 싶고
놀 만큼 놀고 보니 그도 심드렁하던가

저마다
온몸으로 엮어 가는 그림 한 장씩

풀 하나, 돌 하나에 숨겨져 있는
자연의 섭리

사랑에 빠진 딸기

흩어져 있는 손주들이 한자리에 모였다

10년 만에 만난 사촌들
지갑을 털고
어제는 미주서 온 아이가 술을,
오늘은 호주서 온 아이가 저녁을 샀다

가볍게 한잔씩들 하고 베스킨라빈스에 들려 저마다
콘 하나씩을 집었다
내가 집어 든 것은 '사랑에 빠진 딸기' *
누구는 슈팅스타*
누구는 외계인*
누구는 ……

그날 밤
하늘의 일곱 별이 잠시 자리를 떴다
콘 하나씩을 든 북두칠성이
손에 손잡고 신나게 밤거리를 누볐다

점들이 선으로 이어지는 뜨거운 순간

사랑에 빠진 딸기가
내 입 안에서 사르르 녹았다

---

* 아이스크림 상품명.

우리 식구

붐비는 공항 출구 대합실
어미를 기다리는 아들과 새아기

“엄마는 작아서
사람들 쏟아지면 보일까?”

“우리 식구는 멀리서도 보여요”

‘우리 식구’
조금은 설던 며늘아기를
와락
품 안으로 끌어들인 그 한마디

엄마와 데이트

"오늘 점심 내가 살게"
엄마는
보랏빛 화사한 모자를 쓰고 내 앞에 나타났다

남산타워가 한눈에 들어오는 퓨전 식당
엄마는 베이컨 김치 볶음밥
나는 스모그 햄 샐러드와 갈릭 파스타

진한 커피를 한 모금씩 천천히 마셨다
케이블카도 천천히 올라가고 내려오곤 했다

엄마도 나도 말이 없었다
같이 있다는 것만으로
편안하고 아늑하고
시간도 그 자리에 머물러 있었다

털 구두

빙판에 허리를 다친 후론
무섭다

내일은 피치 못할 약속이 있는데
"서울 지방 폭설"

뉴스에 놀란 딸아이가
털 구두를 사서 퀵서비스로 보냈다
발목까지 올라온 도타운 털
골 깊은 밑창

새 신 신고 포올짝
새 신 신고 포올짝
하늘을 날던
그 옛날 엄마가 사 주신 새 운동화

등 뒤에 소리 없이 서 있는 엄마

정화수

"엄마, 내년에 미국 오세요
LA에서 알래스카 가는 크루즈 있어요
내가 울 엄마 크루즈 한번 못 보내 줄까"

딸아인 쓰다 남은 오만 원, 만 원, 달러까지
호주머니 돈 다 털어놓고 갔다

한숨 자고 눈뜨니 새벽 두 시
비행기는 아직도 하늘을 날고 있는데

정화수 떠 놓고
하늘에 빌고 땅에 빌던 우리 엄니

이제는 내가
정화수 한 그릇 떠 놓는
아이의 여정旅程

아기로 남아 있는 아이들

지금쯤 일어났겠지
출근도 했을 게다
아침은 먹었을라나

이제 퇴근했겠지
힘든 하루를 내려놓고
편히 잠자리에 들었을라나

어미 가슴에 묻혀
쌔근쌔근 잠들던 아기
송골송골 이마에 맺힌 땀방울
닦아 주고픈
내 속에 언제나 아기로 남아 있는 아이들

그러나 이젠 내 몫이 아니지
멀리서 조용히 지켜보고픈
그 생각마저 놓아 버려야겠지

백넘버 50번

교대역 개찰구
47번, 48번을 지나
낯익은 숫자 앞에 발이 멎는다

운동장을 내 집 마당처럼 누비던
남편의 백넘버 50번

스트라이크! 아웃!
하나가 웃으면
하나가 울고
환호와 탄식이 엇갈리던
그라운드

마음 졸였던 순간들

50번 개찰구 앞에 선다
카드를 긋는다

---

* 작고한 남편은 야구 감독이었음.

현충원에서

산은 병풍으로 내려앉고
잔디는 보료로 눕는다

대리석으로 다듬은 비석과 상석
국화, 개나리, 장미, 카네이션

꽃다운 나이에 가신 영령은
찾아올 자손 없으련만
어느 한 자리 빈 데 없이
꽃다발 꽃다발

땅과 하늘이 맞닿고
삶과 죽음이 함께한다

원조 받던 나라에서 베푸는 나라
잿더미에 꽃피운 이 땅의 신화

고운 얼

소리 없이 이어져

놓고 가는 고요와 평화

낙서

너무 머무적거렸나요?

당신 먼 길 떠나보내며
“몇 년 더 있다 갈게요” 했는데
어언 십 년이 되었습니다

“당신 신나게 놀다 오라고 자리 비켜 줬는데
남자 친구 하나 없다니”

그러게 말입니다
당신보다 잘난 사람이 없었나 보죠

그 손

이마에 있네
가슴에 있네

사람은 가고
세월도 갔는데

"열이 있구먼"

그 손
이마에, 가슴에 남아 있네

11월

등받이 없는 의자
등이 시리다
낮게 내려앉은 잿빛 하늘
어깨 감싸 주는 따뜻한 손길
그리운 계절

포테이토

잠결에 눈을 뜨니
밤 나들이 갔던 엄마 아빠
포테이토를 먹고 있다
이불 속으로 풍겨 오는 고소한 냄새

“오줌 마려워”
하고 일어나 화장실을 다녀오곤
잠에 취한 척 도로 누웠다
“하나 먹을래?”
하는 말 못 들은 양 흘리고

솔솔
이불 속으로 풍겨 오는
고소한 포테이토 냄새

엄마 생각

모처럼 한자리에 모인 내 식구들
큰딸 작은딸 옆에 끼고 눕는다
나는 엄마 속 무던히도 썩였었는데

엄마 입원했단 말 듣고 달려갔더니
병상엔 엄마가 없었다
여위고 여위어
방석 하나 누운 듯 작아진 엄마

어쩌다 눈먼 돈 생겨 드렸더니
대중공양하는 것이 소원이라 했다

혼자 손으로 아들딸 키우며
어렵게 어렵게 살아오신 울 엄마
원도 한도 없이 베풀다 가시려고 했는데

단번에 날릴까 봐
그 돈 은행에 맡겨 둔 자식들 덕분에

끝내 한 푼도 쓰지 못하고 가셨다

아이들이 내민 봉투 앞에
불현듯 끼어든 엄마 생각

엄마

쾅 쾅 쾅
산을 뒤흔드는 포탄 소리
쏟아지는 피난민들

피난민들 무리에 섞여 있다 끌려간 딸은
날이 새도 돌아오질 않았다
"총 든 군인들이 자네 딸 데리고 과수원 쪽으로 가더라
시신이라도 건져야 하지 않겠나"
엄마는 삼베 홑이불 둘둘 말아 허겁지겁 달려갔다

머리 꼭대기에 있던 해가
감나무 가지에 비켜 앉고, 그제야
군인들 뒤에 사과 한 알을 들고 나타난 딸
엄마는 그만 그 자리에 털썩 주저앉았다
"니가 살아 있었구나"

엄마 가슴에 검은 재 뿌리고

늦게야 철이 든 여식
여든을 넘겨 멀쩡하게 살아 있습니다

엄마, 우리 엄마

아버지

수업 시간에 소설을 읽다가 선생님께 들켰다
“내일 아버지 모시고 오너라”
밤새 잠이 오질 않았다
날이 새고 학교 갈 시간은 다가오고
방문 앞에서 아버지를 불렀다
“아버지, 선생님이 아버지 오시래요”
눈물이 주르르 쏟아졌다
“오냐, 알았다”
아버진 왜냐고 묻지 않았다

여섯 살에 이사를 온 대구 집은 새로 지은 기와집
흙벽만 보던 눈엔 하얗게 회칠한 벽들이 도화지로 보였다
언니랑 숯을 들고 신나게 그렸다
집을 그리고, 새를 그리고, 감나무를 그리고, 구름도 그리고
벽이란 벽을 새까맣게 도배질했다
와락 겁이 났다

저녁답에 돌아오신 아버지는 허허 하고 웃었다
"그놈들 잘도 그렸다"

마흔넷, 젊디젊은 나이에 우리를 두고 가신 아버지

어머니

왜 나를 낳으셨느냐고 무던히도 속을 썩였던 여식이
네 아이의 어미가 되고 아홉 손주의 할미가 되었습니다

예쁜 머리핀 하나 명품 가방 하나 사 준 건 없지만
아이가 아프면 따라 아프고
아이가 힘들면 대신해 주고 싶은
이 자식은 이래서, 저 자식은 저래서
가슴 저린 어미 마음 할미 마음입니다

어머니는 남의 식구부터 챙기셨지요
가마솥 가득 밥을 해도 이 사람 저 사람 퍼 주고 나면
우리는 늘 뒤로 처졌습니다

어머니 계시다는 것보다 가늑함이 없나는 것을
나를 낳으심은
세상을 제게 주셨음이라는 것을

진지

"밤새 안녕하셨어요?"
"진지 자셨어요?"
그때는 인사가 그랬었다

"밥 많이 먹어라, 알배기 굴비도 있네"
"언니 먹어"
"너네들 먹어라"

"엄마랑 이모랑 밥 먹으면 시끄러워 못살아
저 알아서 먹을 건데 왜들 저럴까?"
아이들은 모른다

모처럼 사 남매가 만났다
"누님 진지 자셨습니까"
"그래, 아침은 먹었나"
강산이 바뀌어도
그 자리에 있는 말

대구를 가면서

기차는 앞만 보고 달리는데 내 시간의 수레바퀴는 언제나 그때 그 자리에 멈추어 있다

이불 보따리 달랑 들고 서울로 올라온 건 1956년 봄, 잿더미가 된 용산에서 나를 기다리던 것은 전기도 수도도 없는 양철집 구석방. 이듬해 방을 옮기려고 노량진을 가는데 끊어진 인도교는 흉물스럽게 버려져 있고 한강에는 드럼통을 뗏목처럼 엮은 부교만 흔들흔들. 다리는 출렁거리고 지친 젖먹이는 어미 등에서 새우잠을 자고

영동을 지나면 황간. 중모중학에서 교편을 잡으며 부지런히 오르내리던 황간역. 황간에서 중모까지 삼십 리 길을 운 좋으면 트럭을 얻어 탔다. 머리에 보자기 질끈 매고 장작더미 위에 기어 올라가는 새색시를 보고 입을 다물지 못했던 신랑

저만치 보이는 구미는 어머니 친정 동네. 어머니 찾아 우리 형제들이 몰려갔던 외갓집. 팔십에 이른 어머니와 칠십 대 큰이모 작은이모 외삼촌 네 분이 은빛 머리 맞대고 도란도란 얘기 나누던 모습. 그분들 다 세상

뜨시고 사진을 복사해 놓은 듯 그분들 나이에 이젠 우리 사 남매가 있다

강을 사이로 마지막 보루를 지키려는 아군과 인민군의 공방이 치열했던 낙동강. 서울에 삼 남매를 둔 큰엄마는 아이들 소식 몰라 눈이 짓물렀는데 의용군으로 끌려간 딸이 낙동강 전선에서 아군과 대치했던 사실을 상상이나 했을까

막걸리 한 동이, 파적 한 쟁반에 동네잔치가 벌어졌던 어머니 회갑. 불그레 취한 마을 사람들이 지화자 좋오타 덩실덩실 고샅길을 누비던 모습이 어제 일만 같으니

“나도 한몫 낄란다”

오늘밤은 제사상의 어머니도 벌떡 일어나시지 않으려나

대구역에 나를 부려놓고 부리나케 꼬리를 감춘 기차

엄마와 아기

젊은 엄마가 전철을 탔다
턱하니 아기를 업고
분주한 퇴근길 강남역에서

아기는 엄마 등에 코를 박고
엄마 내음 맡으며 잠을 잔다
몸과 몸이 맞닿고 숨결과 숨결이 하나로 이어지는
와락 껴안고 싶은 그림 한 장

생각하면
내가 한 거라곤 아이 낳아 기른 일밖엔 없는데
허나 그보다 장한 일이 없을 것도 같은데

기르기 힘들고
가르치기 힘들고
일자리 구하긴 더욱 힘들고

아기가 눈을 떴다

두 눈이 마주치자 방긋 웃는다

강남역이 따라 웃는다

할머니와 손녀

한집에 사는 손녀딸은
예쁘고 참한 물건들을 곧잘 사 온다

하얀 인조 다이아가 환상적인 샌들
흑요석 장식이 고혹적인 슬리퍼
앞가슴의 문양이 세련된 티셔츠

고만고만한 또래의 다른 손녀들 생각나서
“어디서 산 거야, 얼마 줬니?” 했다가
“할머니, 왜?” 하고 묻는 바람에
그만 입을 다물었다

나의 외할머니는 우리 집에 오셔도
“우리 재경이……” 하고 친손자만 챙기셨다
나는 그런 외할머니가 미웠다

외할머니께서 손수 빚어 오신
손가락 자국이 선명한 송편은
끝내 눈에 들어오질 않고

제3부

시마가 찾아왔다

고요

쨍그랑
누군가
돌 하나 던져 주었으면

세상이 숨을 죽였다

바람 한 점 없는
매미 소리도 멎은
내 숨소리마저 멎은

전화기를 들었다 놓는다

태양만 이글거리는 백주 대낮

기억의 화살

어딜 갔을까
보는 대로, 듣는 대로 날아간 화살들

가르쳐 주지 않아도
엄마 젖꼭지 찾아 물고
옹알이하고 깔깔대고

날아간 기억의 화살들
여기, 아기 몸속에 살며시 꽂혀 있네

어느 이름 없는 별에 숨어 있다가
새 몸 받을 때
새 둥지 낯설지 말라고
먼저 가서 자리 잡은
기억의 화살

봄비

비가 부른다
오랜 도반인양 꼬드긴다
"길 떠나지 않을래?"

봄비 되어
엄마 젖가슴처럼 뽀얀 목련 꽃잎에 얼굴을 묻을까
보리밭을 구르며 물장구칠까

마른 못에 내려 목 타는 물고기들 멱 감기고
남몰래 울고픈 여인 눈물 되어 뺨 적시고
소나기 되어 속 타는 남정네들 불길 잠재우고
물동이에 떨어져
퐁당퐁당, 비 오는 날의 낭만을 연주하리
지친 발걸음
한 점 물방울 되어 연잎에 쉬어가리

그러다 햇살 들면 하늘로 올라가랴
또르르 굴러 연못에 떨어지랴

이별

구름
비 눈물 되어
마음 밭 촉촉이 적시고

흘러
바다에 이르면

넌 나를
난 너를
알아볼 수 있을까

시

스멀스멀
신호가 온다

크게 작게
찌가 흔들린다

큰 무늬 작은 무늬
파문이 인다

피라미 새끼일까
폭포를 거슬러 올라가는 잉어일까
손끝에 와 닿는 짜릿한 감촉

낚싯대를 힘껏 잡아챈다
허공을 가르는 은빛 비늘

시마詩魔가 찾아왔다

구름 한 점 없는 푸른 하늘
그 하늘을 노니는 한 점 구름
물결 잔잔한 바다
그 바다를 말아 올리는 거센 파도
가라앉은 심연
그 바닷속의 꿈꾸는 용궁
물결 따라 떠도는 한 잎 배
그 배를 노 저어 가는 사공
쿵쾅거리는 심장
때론, 그 박동 소리마저 멎는

'나' 를 다듬는 순간의
고요와 충만

날개

둥지를 떠난 새는
하늘로 하늘로 날아오른다

설산의 고독
사막의 회오리바람
짙푸른 바다의 신비를 저 멀리 두고
높이높이 멀리멀리 날아만 간다

날이 갔는지 달이 갔는지도 모르며 난다

그러다 한순간
바람을 안은 날개가 무거워진다
으스스 한기가 돈다
둘러보니 아무도 없다
너무 멀리 왔나?

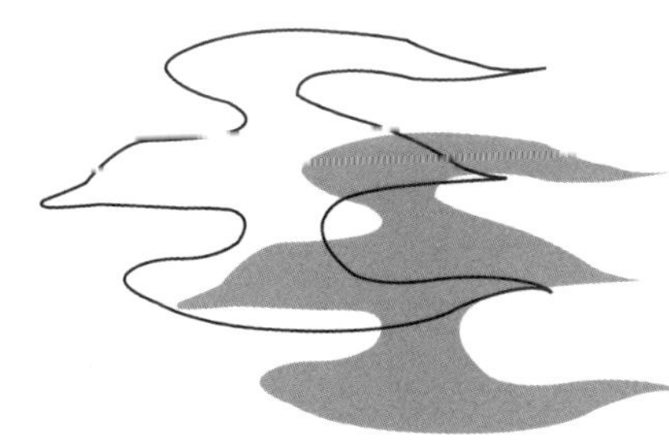

무서워, 그만 내려갈래

글 샘

둘 더하기 셋 하면 다섯 되는 계산기가 아니라서
열 번 읽고 열 번 쓰면 되는 숙제가 아니라서
맡겨 놓고 꺼내 쓰는 저금이 아니라서
치면 둥둥 소리 나는 법고法鼓가 아니라서
부르면 쪼르르 달려오는 강아지가 아니라서

어쩌다
섬광처럼 번쩍했다 거품처럼 꺼지는
걷잡을 수 없는 기분파

샘이 말랐나
달은 차고
아기는 나오질 않고

소고 춤

방문 꼭꼭 잠그고 혼자 춤을 춘다
낄낄거리다, 춤추다, 소리 지르다
손바닥만한 소고 하나 데리고 논다
발동 걸린 신바람 난 여인의 끼

문에 침 바르고 훔쳐보는
눈, 눈 없을까

자목련

살짝
내보이는
보랏빛 비로드에 숨겨진
뽀오얀 살결

벗었다 입었다
바람 따라 너울너울
손짓한다

숨이 멎는다

산수유 마을

눈에 띌세라
한발 물러선 다소곳함에 끌려
가던 길 멈추고 뒤돌아본다

있으면 눈에 띄지 않아도
없으면 생각나는

지친 마음 쉬어 가고픈
산수유 마을

나뭇잎 하나

눈비 맞아
찢겨지고 바스러져도
그 가지 놓칠세라 움켜쥐고 있다
가지에 매달려 있는 나뭇잎 하나

답답도 하다
떨쳐 버리지 못하는 집념

겨울 가고
어느 날 스르르 손을 놓았다
그 빈자리
봄을 잉태한 새순 하나

이 가을에

가을이
옷 벗어 땅에 누우면

나는
하던 일 내려놓고 낙엽을 밟는다

빛바랜 기억 꺼내 엷은 볕에 말린다

낙엽 속에 묻는다

나도 같이 눕는다

정

시오리 길을 마중 나가고
시오리 길을 배웅 나가는
그러고도
간다는 사람 놓아주지 못하는

닿지 않는 연
고개 돌아보지 않는,
때로는
외과의의 차가운 메스 같기도 한

금

하나 긋는다
둘 긋는다
셋 긋는다

하나하나 지운다
들고 있기에 버거운 기억들

그대의 얼굴

남겨 둘 걸 그랬나

신나게 노래방에서 몇 곡을 뽑았다
뺑—
막힌 가슴이 뚫린다
돌아와 현관문을 열자
빈집을 지키던 싸늘한 바람이
쏴—
훑고 갔다

가슴 쓰린 나날도
잠 못 이룬 밤들도
지나고 보니 한때의 바람
가다가다 되돌아볼 사연 몇 가닥

남겨 둘 걸 그랬나

사랑의 자물쇠

남산타워 아래
세상의 온갖 자물쇠가 한자리에 모였다

너 없인 살지 못한다고
깍지를 끼고 하나가 된 자물쇠들
달콤한 언약은 족쇄가 되고

묶었던 몸을 풀면
"손 꼭 잡고 달나라로 별나라로……"
가슴을 달구던 언약들
하얗게 사위어 가는데

행여
먼 길 돌아 다시 오려나
자리를 지키는 자물쇠 하나

청사초롱

턱시도 차림의 말쑥한 신랑
웨딩드레스의 청초한 신부

하고많은 사람 가운데
나는 너를
너는 나를
둘이 만나 하나 되는
축제 한마당

"난 너를 사랑해, 내 마음 받아 줘"

신랑이 바치는 사랑의 찬가
신부의 눈에 맺힌 이슬방울

가는 걸음걸음 꽃을 뿌리리
청사초롱에 불을 밝히리

빗속에서

빗줄기가 굵어진다
떨어져
파문을 그린다

어깨 적시며 우산을 받쳐 주던 사람
멀리멀리 사라지고
일렁이는 그리움

추적추적
비는 내리고
우산 속을 맴도는
돌아오지 않을 옛날들

우산 하나 멀거니
빗속에 서 있다

봄은

비가 촉촉이 언 땅을 녹인다
나뭇가지들이 무거운 눈을 털고
방울방울, 수정 같은 빗방울을 단다

바람이 비를 몰고 사라지니
기다렸다는 듯이 보랏빛 안개가 피어난다
산과 나무들이 베일 속으로 몸을 사리고
아련한 불빛이 옛 기억을 불러들인다

수양버들이 여린 싹을 틔운 강가
"호胡ㅅ나라 강남 밭에도 봄은 온가 님이여"*
홀연히 떠오르는 시 한 구절
열아홉 풋풋한 자리에 내가 서 있다

얼음 밑에도 강물은 흐르고
길고 긴 내 시간의 끝자락에도
봄은 날아든다

---

* 이호우, 「춘한(春恨)」 중.

달리는 가을

이어폰을 낀 창가의 젊은이는 간간이 손가락으로 박자를 맞추고
그 곁의 사나이는 천장에 매달린 TV의 '다시 보는 대한 뉴스' 를 눈으로 좇고
옆자리의 아줌마는 앉기 바쁘게 커튼을 내리고 손수건으로 얼굴을 가린다

차창 밖
파란 숲 사이로 휙휙 날아가는 빨간 지붕들
긴 장마에 미처 옷 갈아입을 생각을 못한 나무들
틈틈이 비치는 햇살을 놓칠세라 황금빛으로 익어 가는 알곡들

대전, 대구, 부산
남으로 남으로
노오란 망토를 걸치고
잰걸음으로 달려가는 가을

사탕 하나 입에 물고

와자작 깨물어 여럿이 나눠 먹던 왕 눈깔사탕
벽에 붙였다 이튿날 다시 씹던 단물 빠진 껌
선생님 회초리는 노려보는데
무릎 위에서 바스락거리는 만화책
고개 치켜든 몽당연필
난로 위의 도시락은 푸푸 더운 김을 쏘아 올리고

플라스틱 막대가 달린
눈깔사탕 하나 입에 문다
가로수가 휙휙 뒷걸음질하는
중앙선 전동차 안에서

졸업 사진도 수학여행도
전쟁 통에 날아간 시린 시절이
사탕 속에 달콤하게 녹아난다

덜커덩!
전동차는 멎었는데

단물 빠진 막대를 입에 물고
아이는 깨어날 줄 모른다

제4부

양파를 까면서

양파를 까면서

하나 벗기고
둘 벗기고
벗기고 나면 남는 것이 없는데
많이도 껴입었다

한 벌 입고
두 벌 입고
벗고 나면 달랑 몸뚱이만 남는데

입고 또 입고
껴입는 허허로움

외딴섬

망망 바다에
외딴섬 하나

사람 하나 그려 넣는다
숲 속에 초당 하나 짓는다
기슭에 조각배 하나 띄운다

섬을 떠난 배는 뭍에 닿아
이런저런 것들을 싣고 온다

섬의 고요는 TV 소리에 잠을 설치고
싱그러운 솔향기는 고기 내음에 멍들고

배를 지운다
초당을 헌다
사람마저 내려놓는다

망망 바다에 외딴섬 하나

거울

거울 속의 나를 본다
웃으면 따라 웃고
빗을 들면 같이 머리를 빗고
립스틱을 들면 '아' 하고 입을 벌린다
그가 화장을 하는지 내가 하는지

너는 누구이고 나는 누구인가

하나도 아니면서 둘도 아닌
거울 속의 내가 묻고 있다

일행시一行詩

여든
언제 여기까지 왔나

여든 할머니들
만나면 한다는 소리, "너 예뻐졌다" "젊어졌다"

춤
흥이 나면 몸이 저절로 말을 한다

알고 보니
넌 내 안에 있고, 난 너 안에 있고

사랑
엄마는 "사랑한다" 하지 않고, 아이는 "고맙다" 하지 않고

소주병

혼자 주거니 받거니
술이 술을 마시고
술 다 비우고, 푸념 다 비우고
큰 대자로 널브러진 사내 옆에
빈 소주병 몇 개가 나뒹굴어져 있다
술 다 비우고 홀가분해진 소주병과
그 술 다 털어 넣고 마음 두둑해진 소주병이
입 쩍 벌리고 사이 좋게 나란히 잠자고 있다

생명 스냅

1
바람에 묻어 온 씨앗 하나
물 한 방울 없는 사막에 싹을 틔웠다
그것도 목줄이라고
벌레 한 마리 매달려 있다

2
하얗게 성에 낀 벽
얼음장 같은 방바닥
살다 지친 어미는 집을 나가고
할미 마른 젖꼭지 파고드는 어린 손자

3
술 취한 트럭에 부모를 잃고
하루아침에 네 동생 떠안은 누나
비바람 몰아치는 오늘 밤도
속눈썹 짙게 달고 거리에 선다

4

받을 돈은 받지 못하고
갚을 돈을 부도낼 만큼 모질지 못한 그는
목숨으로 빚을 대신했다
갓 서른
순하디순한 얼굴이
영정 속에서 웃고 있다

5

활어조活魚槽 속의 문어
발아래 잔챙이들 내려다보며
활개를 친다
오늘 밤 손님상에
맨 먼저 오르게 되는 줄도 모르고

수탉

불타는 벼슬 왕관
뭇 암탉 거느리며
할喝!
천지를 호령하더니

마누라 · 아내 · 애들 엄마 · 집사람 · 와이프
이름만 들어도 오금이 저린다며
주인 영감님 지레 엄살 부리니

물 간 왕년의 대장 닭
암탉 뒤만 졸졸졸

분화구

뺑 뚫린 분화구를 보고 있으면
내 속의 분화구가 말을 한다

눈뜨면 떠오르는 얼굴 하나
종일 가슴에 묻어 두었다
꿈에서도 꺼내 보던 얼굴 하나
세상을 온통 덮던 그 얼굴 하나

너는 내가 아닌데 '나' 이고 싶은
사랑이 사랑을 묶고 사랑이 사랑을 다치게 한다

번개처럼 왔다가 사라진……

산 하나가 통째 떨어져 나간 자리
나무 한 그루 발붙이지 못하는

뺑 뚫린 분화구를 보고 있으면
내 속의 분화구가 말을 한다

드라마 속으로

도망친 노예를 쫓는 추노推奴의
징그럽도록 득의에 찬 미소
어제는 착하디착한 순둥이였는데
오늘은 비정한 노예 사냥꾼
때론 천사가 내려앉고
때론 악마가 영혼을 짓밟는다
한 인간 속에 잠재해 있는 수많은 분신들

'천의 얼굴' 을 가진 사람이라지만
저토록 천연덕스러울 수가?
내 속의 내가 제 설움에 울고 웃는다

보고 또 보고
그 속으로 빨려 들어간다
그를 좇는 걸까
나를 좇는 걸까

할렘의 여인들

반지 팔지 목걸이 귀걸이에다 발찌
호사스런 장신구는
무게만큼이나 자신을 옭아매는 사슬

500명이나 되었다는 오달리스크*
로또 당첨만큼이나 어려운 술탄의 발길
그녀들이 내뿜는 숨은 보랏빛이었을까 잿빛이었을까
기대와 절망 속에
하루가 가고 일 년이 가고 한생이 간다

고혹적이고 관능적이고 그러면서도 나른한
그림 속의 여인들은 오늘도
속이 훤히 들여다보이는 엷은 비단을 입고 있다

---

* 술탄이나 귀족들이 할렘에 가두어 두고 즐기던 여자 노예.

무너진 백화점

몇백 명이 깔려 죽었다는 그 자리에 웅장한 주상복합이 들어섰다
저런 델 누가 살겠나 했더니 어마어마한 분양가를 주고 내로라하는 사람들이 모여들었다

한번은 그 동네 산다는 친구가 말했다
"명품 위에 명품 있고 명품들 끼리끼리 논단다"

백 층이 들어서면 다시 백오 층, 백십 층을 짓고
이러다 제 무게에 눌려 내려앉는 건 아닌지

버려진 냉장고

어느 날 갑자기 내던져졌다
아프다고 드러누운 적도
일 안 한다고 꾀부린 적도 없었는데

날마다 수정 같은 얼음 뽑아내고
고기, 야채, 과일 아삭아삭 갈무리하고
한때는 귀하신 몸이라 하여 받들어지기도 했었는데

버려진 할아버지 할머니처럼
길거리에 내동댕이쳐진 그 친구

은퇴하기는 일러
아직 일을 할 수 있는데
할 일이 너무 많은데

비는 억수로 쏟아지는데

마을버스 기사님

하얀 셔츠에
금테 달린 견장

해군 장교를 연상케 하는 젊은이가
마을버스 운전대를 잡고 있다

한때는 해군 장교가 꿈이었을지도
공무원을,
기업체를 수도 없이 기웃거렸을지도

십 대 일, 백 대 일
쓰고 또 쓰고
허공에 수많은 이력서를 날렸을지도

이 운전대 잡고 있던
나이 든 기사님은 어딜 갔을까
지금쯤 소주잔에 코를 박고 있을까

서울 성곽

성곽을 밟는다

이 성곽 쌓느라
32만 명이 수자리를 살고 900명이 목숨을 잃었다는데

부모님 숨넘어가는데 입에 물 한 모금 떠 넣지 못하고 끌려온 불효자가 있나 하면
혼인날 받아 놓고 깨어진 기왓장을 정표로 남긴 떠꺼머리총각은
끝내 바위에 깔려 성곽의 귀신이 되었다는데

인조의 삼배구고두三拜九叩頭
선조의 의주 몽진
울타리를 친다고 도둑이 들지 않는 것도 아닌데

백성들의 피눈물로 쌓았던 성곽
성곽을 밟는다

'생각하는 사람' 에게

— 로댕전에서

자네
무얼 그리 골똘히 생각하는가
백 년을 채우기 어려운 삶을 무얼 그리 어렵게 생각하는가

자네를 버리고 간 옛 애인인가
언제 떨려 나갈지 모르는 구조조정인가
세상 걱정 혼자 짊어진 소크라테스인가

이맛살 찌푸린다고 세상이 달라지던가
사람들은 자기 생각만큼의 세상을 만든다네

탄탄한 몸매
알통이 박힌 팔뚝
턱을 받친 오른 팔꿈치와 발가락에 실린 힘

몸이 말하네
낮엔 일하고, 밤엔 푹 자게나

울지 않는 사람들

진도 9.0, 파고 14미터
일본 동북부를 강타한 대지진과 쓰나미

가족을 잃고, 집을 잃고
발붙일 터전마저 잃었어도
그들은 울지 않았다

사재기하는 이도 새치기하는 이도 없이
묵묵히 차례를 지키는 질서 의식
흐트러진 모습 보이지 않으려는 자존심

왜 울지 않는가
담아 두면 병나는데
쌓이고 쌓이면 화산처럼 터지는데
한바탕 속 시원히 털어 버리고 싶지 않은가

죽음의 바다에서도
생명은 태어나고

움직이는 계단

계단이 움직인다
발판 하나 밟고 있으면 2층을 가고 3층을 간다
한 계단 한 계단 널름널름 집어삼키며
위로 위로 올라간다

"나 안 내려가면 어쩔래" 하고 버티다
내동댕이쳐지며 앞으로 꼬꾸라졌다

높으신 분이 납시면 가다가도 서고
세종대왕 몇 장이면 닫힌 문도 열린다는데
에스컬레이터, 너는 벽창호!
출세하긴 틀렸다

세대 차

SK텔레콤이란 델 갔더니
실내의 연못에서 물고기들이 희희낙락 헤엄을 친다
일루미네이션인지 뭔지 물고기의 향연을 보여 준다
테크놀로지, 컴퓨터 그래픽, 낯설기만 한 말 말 말

내가 어쩌다 일본 말을 섞어 하면 어머님은 말했다
"너희 아이들은 양놈 말 할 거다"

쿨Cool이니 엣지Edge니
들어도 감이 오지 않는다

한번 연을 맺으면
"싫어도 내 남편 내 아낸데" 하던 세대
"싫으면 너는 너 나는 나" 하고 남남이 되는 세대

나는 밥, 김치, 된장찌개 먹고
아이들은 빵, 피자, 비프스테이크 먹고
아이의 아이는 또 무얼 먹을까?

치아 하나

하늘을 나는 새는 하늘이
땅을 밟는 짐승은 땅이
물에서 사는 물고기는 물이 좋다

하늘을 날고
땅을 달리고
물을 헤엄치는 인간은
세상이 온통 내 것인 양 하지만

치아 하나가 장난을 친다
한숨도 못 잤다

어떤 동냥

전동차를 잇는 사잇문이 열렸다
지폐 몇 장을 담은 양은그릇이 목발에 밀려 고개를 내민다
그러고도 한참, 밑창 두께가 10센티미터는 되는 구두 한 짝이 들어오고
열렸다 닫혔다 하는 문 사이에서 밀고 당기고
이윽고 엉덩이로 바닥을 밀고 나타난 늙은 남자
어렵고 어려운 등장에 너도 나도 지갑을 연다
"그만 주셔도 됩니다. 못 먹어서 이러는 건 아닙니다. 이렇게라도 세상 구경하고 말을 주고받고 싶어서"
어둡지 않은 얼굴빛
"넉넉한 마음으로 사시니 고맙소"
선뜻 천 원 한 장을 내미는 할머니
돌연, 여인의 쇳소리
"먹고살 것 있다면서 왜 이딴 짓을 해, 사람 맘 불편하게"
몸을 감은 모피에서
확, 달려드는 썰렁한 바람

대구 향촌동에서

생일이다
월급날이다
이름 붙은 날이면
우르르 몰려갔던

서울 명동을 가도
이렇다 할 맛집을 가 봐도
향촌동 가락국수와 유부초밥 맛은 없었는데

30년 세월이 가고
향촌동 그 골목을 다시 갔는데
날아가 버린 그 맛, 그 웃음, 그 시간들

긴긴 세월
가슴 덥혀 주었던 훈기만 남고

제5부

법정 스님을 기리며

법정 스님을 기리며

열반송 하나 남기지 않고
수의도
관도
만장도 없이
본래 자리로 돌아가셨다

크게 버린 자 크게 얻는다 하시고
글 빚 남기는 것마저 저어하셨던 스님

향 한 자루 사르는 것마저 조심스런
텅 빈 충만

노스님

"파키스탄 같이 가셨잖아요"
"그랬던가?"
"경주 남산도 한차 타고 갔는데"
"누구랑 갔지?"

생각 내려놓고
무거운 법의法衣 벗어 놓고
어린이로 돌아가신 노스님
웃는 얼굴이 천진하다

배고프면 밥 먹고
졸리면 잠자고
열 법문 한 몸으로 설하신다

"내 가는 곳 어디나 좋은 곳"
다비茶毘 걱정 말라신다

살아서 좋고

이 몸 벗어 좋고

모든 것 놓아 버린 고요와 평화

찻집 지중해에서

쏟아지는 햇살
쪽빛 바다
지중해 바다가 흘러 예까지 왔는가
동해 물이 그곳에 닿았는가

바다를 한 아름 안고 마주 앉은 승僧과 속俗
부드럽고 따뜻하고
그러면서도 바깥 세계에 꺼둘리지 않는,
달라이 라마를 여러 번 친견했다는 스님은
달라이 라마를 닮았다
스님을 거쳐 달라이 라마를, 붓다를 친견하는
이 순간, 이 자리

어떤 기운이 나를 예까지 데리고 왔는가
부모를 만나고, 스승을 만나고
아내와 남편, 지기知己를 만나는 귀한 연도
보이지 않는 이끌림인가

찻잔을 감도는 맑은 기운
밀려왔다 밀려갔다
쉬지 않고 출렁이는 바다

운문사

"마당을 쓸라"
스승님 한 말씀에 쓸고 또 쓸다
눈을 뜬 주리반타*

얼굴이 어린다
장지문 꽃문살이 그림처럼 어린다
닦고 또 닦고
걸레질에 묻어난 간절한 기도

한 소식 얻게 하소서
넙죽 엎드리고 싶은
정갈한 운문사 대웅보전의 마루

* 마당을 쓸다가 깨달음을 얻은 석가의 제자. 교리를 알아듣지 못하는 아둔한 주리반타에게 석가는 "빗자루로 마당을 쓸라" 했다.

일몰

영가가 세상 떠나는 사십구잿날
극락왕생 축원하는 독경 소리 목탁 소리
나도 어느새 영단 높은 자리에 앉아
정든 이 정든 땅에 작별을 하고 있다

한 뼘 남아 있던 해는
이윽고 모습을 감추었다
먼저 발이 빠지고 목이 잠기고
그러곤 사라졌다
입멸이다
아름답고 장엄한 입적이다

캘리포니아 해변에서 딸아이가 말했다
"엄마, 여기서 지는 해가 한국 동해 바다에 뜨겠지"

법문

"악한 일 말고 선한 일 하라"

새로울 것도 신기할 것도 없는 스님 말씀

예사로운 말이 예사롭지 않게 들리는 것은
구십 평생을
올곧게 걸어오신 삶의 무게

미역국

첫아이 낳고
둘째아이 낳고
아이 낳을 때마다 끓인 미역국
오늘 태어난 아기부처를 위해
미역국을 끓인다

첫아이 낳고
둘째아이 낳고
아이 낳을 때마다 먹은 미역국
부처님 오신 날 아침 미역국을 먹는다

열 달을 고이 간직한 아기가 태어난 날의
눈부신 햇살

언젠가는 탄생할 내 안의 부처님

이슬방울

잎새에 맺힌 이슬방울

뚝 하고 떨어진다

한생이 눈을 감는다

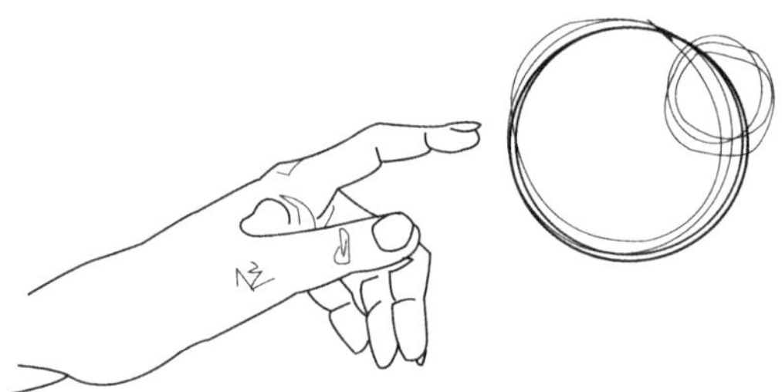

근심

붙들고 씨름하기 힘에 부쳐
숫제 놓아 버린다

"너나 가져"

가려움

손 안 닿는 곳

나는 네 등 긁어 주고
너는 내 등 긁어 주고

선생님, 우리 선생님

— 스승의 날에

고장 난 라디오를 들고 수리점을 찾았다
누구도 고쳐 주질 않는다
맨 마지막 가게에서 이리저리 살펴보던 주인은
탕 탕 탕, 세 번을 두들겼다. 수리비 백삼 불
"세 번 두들긴 것밖엔 없는데?"
"한 번 두들기는데 일 불, 잘못된 것을 찾아내는 데 백 불"

선생님 생각

— 매원 선생*을 기리며

가시면 웃는 얼굴도 서러워 보이는가
못다 한 말씀 있을 것도 같은
선생님 사진

잊힌다는 것은 슬프다
누군가의 가슴 한구석
겨자씨 하나로 남을 수 있다면

손톱에 피멍 드는 아픔으로 글을 썼다는 선생님

"여러분은 나의 자존심"
그 목소리
아직도 귓전을 울리는데

---

* 수필가 박연구 선생.

빌딩 사이 숲

산 한 자락이
빌딩 사이로 이사를 왔다

풀 향기 나무 내음
활짝 벌린 나뭇가지 짙은 그림자 드리우면
“나도”
하고 나무 벤치도 한자리한다

짜장면 한 그릇 후딱 비우고
종이 커피 한잔 뽑아 든 점심시간
한가롭게 담배 연기 동그라미 날리고
빌딩 숲에 메아리치는
젊은 여인들의 해맑은 웃음소리

인도의 장자는 땅에 금을 깔아 부처님께 바쳤다는데
이 땅도 빌딩 높이만큼이나 쌓은 황금의 땅
너도 나도 폐활량 가득
싱그러운 산정기를 들이마신다

천사

그 아인 팔이 없다
여덟 개 발가락으로 밥을 먹고, 글씨를 쓰고, 그림을 그린다
그 아인 두 다리로 걷질 못한다
선천성 희귀병으로 지체 장애 1급, 열한 살에 키 82 센티미터
엉덩이로 뛰고, 바쁘면 데굴데굴 굴러간다

잠바를 벗는 데 20분이 걸려도 제 스스로 한다
반장 선거에 나서기도 한다

태어나자 버려진 그 아인
부모를 원망할 줄도
세상을 비관할 줄도 모른다
"팔이 없어 불편하지 않니?"
"아니요"
구김살 없는 해맑은 웃음

발가락에 연필을 끼우고 오늘도
제 몸집보다 큰 승가원 동생 성일의 글씨를 봐 주느라 바쁜
천사 태호

산촌의 아침

뿌연 안개를 비집고 고개를 내미는 산봉우리
물안개 피우며 바위를 타고 달려가는 개울물
무와 배추, 호박 잎사귀에 내려앉은 이슬방울

간밤엔
모닥불 피워 가슴을 뜨겁게 달구었던 검정 무쇠솥은
밤새 싸느랗게 식어 냉정을 되찾고
스무 명이란 적지 않은 손님 치르기에 빼근했던 야외 식탁도
밤이슬에 말갛게 얼굴을 씻었다

남새밭에서 솎은 푸성귀와
마을에서 잡은 멧돼지 고기
숯불 피워 석쇠에 구운 한우 고기와
손으로 먹어야 제맛이 난다는 찰밥
그릇 그릇
정성으로 가득한 식탁

백 층 빌딩 높이만큼이나 깊은 암반에서 뽑아 올린 청정수는
오가는 사람들의 발길을 잡고

우리 엄마들처럼
하얀 행주치마를 두른 안주인은
이 아침도 한 솥 가득 밥을 짓는다

운조루의 뒤주

'타인능해' *의 열린 문에서 쌀이 쏟아져 내립니다

한 주발은 며칠째 곡기를 구경 못하신 아버님께 흰죽 쑤어 올릴까 합니다.

한 주발은 암죽을 쑤어 허기진 갓난아기의 배를 달래려고 합니다.

또 한 주발은 뱃가죽이 달라붙은 애 어미에게 따뜻한 밥 한 그릇 먹이려 합니다.

하느님, 지난해는 무척 가물었습니다. 비님은 어디서 발목이 잡혔는지 도통 얼굴을 내밀지 않고, 논바닥은 천 갈래 만 갈래 가슴을 찢어 놓았습니다. 그나마 거둔 얼마간의 소출은 세공 바치고 장리 쌀 갚고, 그러니 먹을거리 찾아 들로 산으로 쏘다녀야 했습니다.

올해는 부디 비 내릴 때 비 내리시고 해날 때 해나게 하시어 농사 풍년 들게 하소서. 식구들 배부르게 밥 먹게 하시고 이웃에 따뜻한 밥 한 그릇 나누는, 저에게

도 조금은 사람다운 삶을 살게 하소서

* 전남 운조루에는 '타인능해' 라는 뒤주가 있어 흉년에 누구나 쌀을 가져갈 수 있게 했다.

시인

마취 상태의 수술대 위에서
시 네 수를 연거푸 낭송했다는 시인

시인이란 그런 것이다

마지막 가는 순간
나의 현絃은 어떤 소리를 낼까

■닫는 말

— 시집을 내면서

홀라당, 벗겨 놓고
떠났다

부끄럽고
민망하고
조금은 허전하고

보잘것없는 나신이 거리에 선다

무섭다

누가 볼까봐
아무도 봐 주지 않을까 봐

—「화살은 떠났다」 전문

■발문

'촉촉함'의 시적 성취
— 한계주 시집 『여든이 되어 보렴』에 부쳐

유 자 효
(시인)

숙녀의 나이는 거론하지 않는 것이 예의라지만 굳이 무례를 무릅쓴다면 시원 한계주 선생은 올해 여든두 살이시다. 내가 처음으로 한 선생을 뵈었을 때는 여든 살이었다. 3년 동안을 한 선생은 나와 함께 시를 공부하였다.

그때 이미 한 선생은 수필집을 간행한 기성 문인이셨다. 그런데 수필을 제대로 쓰려면 시를 알아야 한다는 수필가 손광성 선생의 권유로 중구 문화원의 시 창작 교실에 오신 것이었다. 이후 한 선생은 나와 1주일에 한 차례씩 만났는데 꼭 시 한 편씩을 들고 오셨다. 내 기억으로는 미국에 있는 자녀들을 보러 출국했을 때 정도를 제외하고는 거의 개근하셨다. 봄 여름 가을 겨울이 세 번을 지나갔으니 대단한 시간이요, 그 기간 동안 거의 매주 시 한 편씩을 쓰셨으니 대단한 열정이라고 하지 않을 수 없다. 그 열정을 나는 존경한다.

여는 시와 닫는 시를 포함해 지난 3년간의 열정이 오롯이 담겨 있는 시집 『여든이 되어 보렴』에 일관돼 흐르고 있는 것은 삶의 관조다. 여든 살이 어떤 나이인가?

> 여든은/ 일흔아홉에 하나를 더하는/ 숫자가 아니다// 열을 여덟 개 똘똘 말아/ "옜다 먹어라" 하고/ 가슴 한복판에 던져진 폭탄 세례// "넌 아니야" 하고/ 등을 돌렸는데// 돌렸다 생각했는데/ 그 여든도 가고 있다
>
> —「여든」 전문

여든은 피할 수 없는 나이이고, 피하려 했는데 그마저도 어느새 가버리는 나이다. 80년을 산다면 누구도 피할 수 없는 운명 같은 것이다. 여든이 되면 무엇이 어떻게 달라지는가?

> 지금까지 살아온 것이/ 그저 고맙고// 세상 별거 아니다 싶어/ 그저 우습고// 아이들 잘 살아 주니 고맙고/ 부모 형제 잊지 않으니 더욱 고맙고// 이래도 좋고 저래도 좋고/ 화나는 일 없어 좋고// 네 말도 옳고 내 말도 옳고/ 너도 좋고 나도 좋고
>
> —「여든이 되어 보렴 · 1」 전문

여든이 되고 보니 달관하게 되었다. 내 삶이, 가족이 고맙고, 세상사가 우습다. 시시비비를 초월하는 경지, 그것이 여든을 넘긴 자가 얻은 혜안이다. 이렇게 되면 더 이상 심각할 것이 없다. 이는 여든이 되어 보지 않고는 도저히 알 수 없는 세계다. 마치 탈속한 승려와도 같은, 신선과도 같은 풍모가 엿보인다. 그런데 한 선생은 왜 글을, 시를 쓰는가?

> 왜들 물을까, 할머니 나이/ 촉촉한 물기 하나 없을 것도 같지만/ 과년한 처녀 나이 밝히고 싶지 않은/ 그런 수줍음 내게도 있어요/ 꽃 피고 새 우는 설렘/ 내게도 있어요
>
> —「내게도 있어요」 전문

이 작품은 한 선생이 합평에 내놓지 않은 것이다. 중구 문화원의 시 창작 교실에서는 각자가 자신이 써 온 작품을 내놓고 합평을 한다. 이를테면 자신의 작품이 발가벗겨지는 것이다. 상당한 긴장감마저 감돈다. 그런데 한 선생은 이 작품을 합평회에 내놓지 않고 시집에 살그머니 밀어 넣었다.

그것은 남에게 보이기 어려운 자신만의 비밀스런 고백처럼 여겨진다. 그것이 무엇일까?

그것은 나이를 먹어도 결코 퇴색되지 않는 감성의 세계다. 육신의 연령은 여든을 넘겼지만 감성의 촉촉한 물기, 수줍음, 설렘은 여전하다. 아니, 오히려 더 간절할 수도 있다.

이 어려운 고백을 듣는 우리는 나이가 정서와는 상관이 없다는 것을 깨닫는다. 이것을 여든이 되어 보지 않고서야 어떻

게 알 수 있겠는가?

한 선생이 매주 시 한 편씩을 쓰고, 3년의 결정을 103편의 시로 묶어 낼 수 있는 힘의 원천이 바로 이 '촉촉함' 에 있다는 것을 알았다. 이 '촉촉함' 으로 한 선생은 2부, 3부, 4부, 5부의 시 세계들을 펼쳐 보인다.

2부 '사랑에 빠진 딸기' 에는 돌아가신 부모님과 남편에 대한 추억에서부터 자식들과의 일상사 그리고 손주들에 대한 이야기까지 담담하게 펼쳐져 있다.

> 붐비는 공항 출구 대합실/ 어미를 기다리는 아들과 새아기// "엄마는 작아서/ 사람들 쏟아지면 보일까?"// "우리 식구는 멀리서도 보여요"// '우리 식구' / 조금은 설던 며늘아기를/ 와락/ 품 안으로 끌어들인 그 한마디
>
> —「우리 식구」 전문

그렇다. 현대의 많은 문제들을 치유할 수 있는 비방이 '가족애' 에 있다. 남의 식구였던 며느리를 와락 나의 품 안으로 끌어들인 말 한마디가 '우리 식구' 였다. 이 같은 가족애는 인류 공통의 언어로서, 많은 이들을 절망의 나락에서 삶의 빛살 속으로 끌어내 줄 것으로 믿는다.

3부 '시마가 찾아왔다' 에는 한계주 시인의 시 창작의 상가지 모습들이 담겨 있다. 시 쓰기는 고통을 수반한다. "달은 차고/ 아기는 나오질 않는"(「글 샘」) 괴로움이다. 무릇 모든 창작은 고통을 수반한다. 예술가는 고통 속에서 작품을 창조한다. 그 고통의 과실을 향유하는 것은 독자들이다. 그래서

시인은 불행하고 독자는 행복한 것일지도 모른다. 이 창작의 꿈과 고통을 한 선생은 한 편의 시로 보여 주었다.

> 둥지를 떠난 새는/ 하늘로 하늘로 날아오른다// 설산의 고독/ 사막의 회오리바람/ 짙푸른 바다의 신비를 저 멀리 두고/ 높이높이 멀리멀리 날아만 간다// 날이 갔는지 달이 갔는지도 모르며 난다// 그러다 한순간/ 바람을 안은 날개가 무거워진다/ 으스스 한기가 돈다/ 둘러보니 아무도 없다/ 너무 멀리 왔나?// 무서워, 그만 내려갈래
>
> —「날개」 전문

한 선생은 절대 고독의 세계를 체험했음을 이 시에서 알 수 있다. 따라서 우리가 한 선생의 시에서 발견하는 것은 녹록치 않는 정신의 깊이다. 이런 정신의 깊이는 4부에 실린 생활의 시편들에서도 그대로 이어진다.

> 하나 벗기고/ 둘 벗기고/ 벗기고 나면 남는 것이 없는데/ 많이도 껴입었다// 한 벌 입고/ 두 벌 입고/ 벗고 나면 달랑 몸뚱이만 남는데// 입고 또 입고/ 껴입는 허허로움
>
> —「양파를 까면서」 전문

벗기고 또 벗기면 남는 것이 없는데 입고 또 껴입은 양파의 모습에서 허허로움을 발견해 내는 그 눈이 놀랍다.

여든이 되어 보니 달라진 것이 무엇일까? 그것은 예술과 종교에의 귀의다. 한계주 선생은 글쓰기와 불교로 귀의했다.

이 시집의 마지막인 5부에서는 한 선생이 귀의한 종교의 세계가 주조를 이룬다. 이 시집의 마침표 같은 시를 우리는 이 한 편의 시에서 만날 수 있다.

> 첫아이 낳고/ 둘째아이 낳고/ 아이 낳을 때마다 끓인 미역국/ 오늘 태어난 아기부처를 위해/ 미역국을 끓인다// 첫아이 낳고/ 둘째아이 낳고/ 아이 낳을 때마다 먹은 미역국/ 부처님 오신 날 아침 미역국을 먹는다// 열 달을 고이 간직한 아기가 태어난 날의/ 눈부신 햇살// 언젠가는 탄생할 내 안의 부처님
>
> —「미역국」 전문

여성은 생명을 잉태해 자신의 몸속에서 키워 세상으로 내보낸다는 데 위대함이 있다. 따라서 세상의 모든 어머니들은 위대하다. 부처님 오신 날 미역국을 먹는 모습에서 우리는 성모의 경건함을 느낀다. 세상의 모든 어머니들은 그런 경건함을 갖고 있다. 한계주 시인이 몸속에 고이 간직해 키우고 있는 것은 자신 안의 부처님이다. 예술과 종교에 귀의한 여든이 넘은 여성이 아니고서야 어떻게 이런 세계를 발견할 수 있었겠는가?

시는 청춘의 예술이란 말이 있나. 예술의 재능은 일찍 발현되고 젊어서 대표작을 쓰는 경우가 많다는 말도 있다. 틀린 말은 아니다. 그러나 한계주 시인의 이 시집은 "그렇지 않다."는 항변으로 들린다.

한계주 시인은 여든이 돼서 시 쓰기를 시작했다. 그는 젊은

이들이 도저히 쓸 수 없는 시 세계를 개척했다. 인생을 살아봐야 알 수 있는 세계들을 시로 그려 낸 것이다. 이것이 가능한 것은 한계주 식으로 말하면 정신의 '촉촉함' 때문이다. 촉촉함을 잃지 않는 한 그 정서가 젊은이들과 다를 바가 없다. 거기에 삶의 경륜이 있으니 더 큰 경쟁력을 갖는다.

나는 이 시집을 한국 노년문학의 한 전범으로 본다. 청년들의 문학이 있듯이 노인들의 문학도 당당하다. 우리는 그 한 성취를 시집 『여든이 되어 보렴』에서 발견하고 있는 것이다.

시원柿園 한계주韓季珠

1931년 경북 청도에서 아버지 한광우韓光愚와 어머니 김필귀金必貴의 셋째 딸로 태어나다
6세 때 대구로 이주, 남산초등학교와 경북여고를 나오다
1956년 혼인하여 상경, 4남매를 두다
1973년 민중서관 입사. '국어대사전' 과 '일한사전' '한일사전' 편찬에 참여하다
1992년 『수필공원』(현 『에세이문학』)에서 「감」으로 등단
1998년 첫 수필집 『전화여행』 출간
1999년 제17회 현대수필문학상 수상
수필집 『아들네 집에 자 주러 갔다가』
수필로 글 읽기 『둘이 하나 되어』
역사 탐방 『백제불교의 원류를 찾아서』(문예진흥회 우수도서 선정)
수필선집 『모천으로 돌아가다』
백인선 『사랑만 하다 가기도 짧은 인생을』
공저 『시인의 마을 동인지 1, 2』
한국수필문학진흥회 기획위원
에세이문학회 · 송현수필문학회 · 한국문인협회 · 국제펜클럽한국본부 회원
'시인의 마을' 동인
E-mail: hkj503@naver.com

여든이 되어 보렴

지은이 | 한계주
펴낸이 | 김재돈
펴낸곳 | 도서출판 시와시학
1판1쇄 | 2012년 6월 20일
출판등록 | 2010년 8월 10일
등록번호 | 제2010-000036호
주소 | 서울 종로구 명륜동1가 42
전화 | 744-0110
FAX | 3672-2674

값 8,000원

ISBN 978-89-94889-35-1 03810